幻の名窯　湖東焼

改訂版

サンライズ出版

幻の名窯　湖東焼
―もくじ―

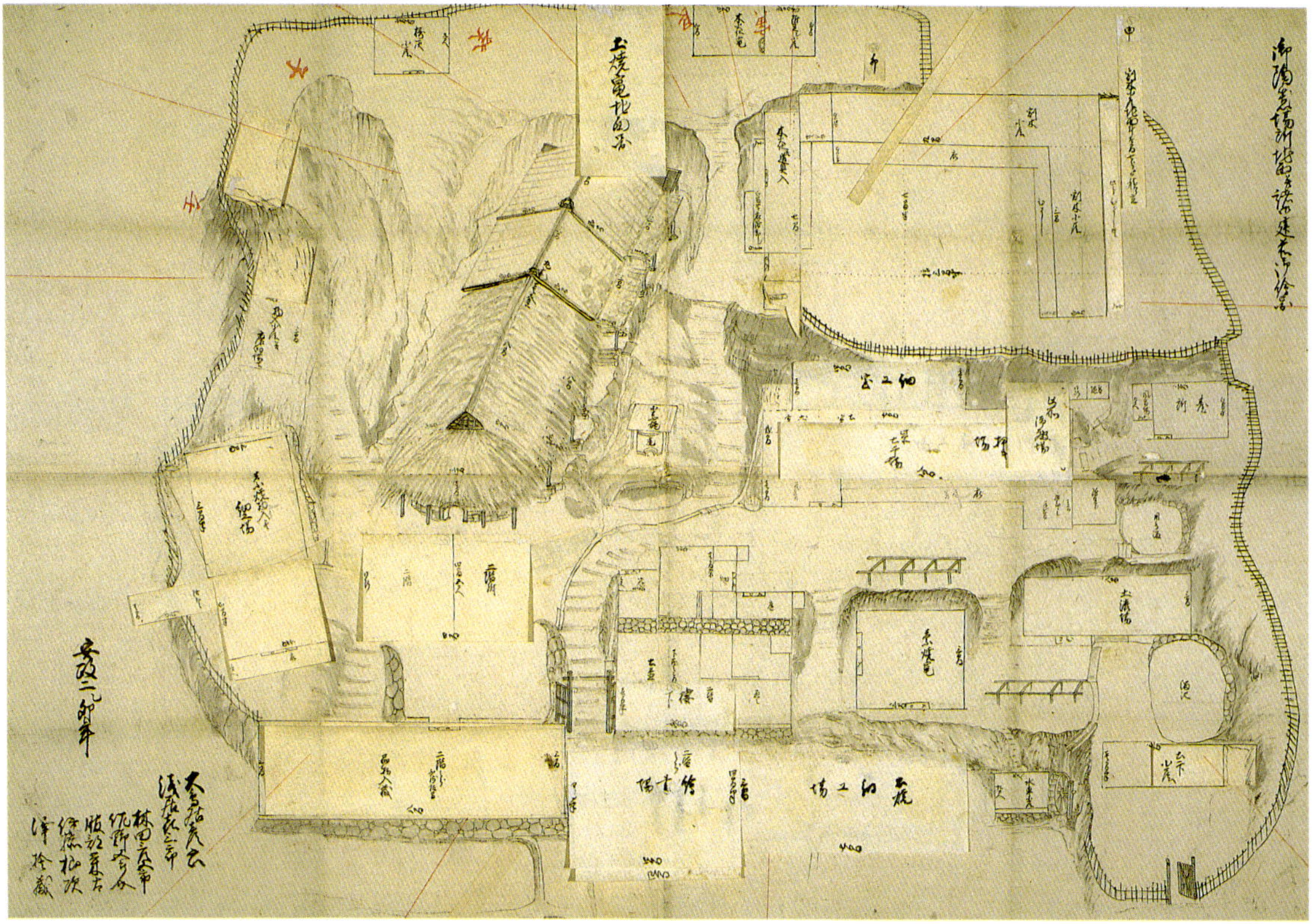

御《おん》陶《とう》器《き》場《ば》所《しょ》地《じ》面《めん》并《ならびに》諸《しょ》御《おん》建《たて》前《まえ》御《おん》絵《え》図《ず》

一鋪　たねや美濠美術館蔵

縦六四・五　横九四・七㎝

藩窯期の安政二年（一八五五）に彦根藩普請方が作成した茶碗山の窯場絵図。図中の付札は、安政三年以降の増改築にともなう変更箇所を貼付したもの。弘化年間（一八四四〜四八）に制作された49染付彦根名所図大皿に描かれている藩窯初期の窯場の規模に比べ、絵図下方（南西）に拡張されている。

はじめに

彦根市教育委員会　谷口　徹

江戸時代、彦根は小江戸情緒ただよう城下町としてにぎわった。そんな彦根に、江戸時代後期になって湖東焼が生まれた。湖東焼は、城下の商人絹屋半兵衛《きぬやはんべえ》たちによって始められ、十三年の後、彦根藩に召し上げとなる。当時の藩主は十二代の井伊直亮《いいなおあき》。彼は雅楽器の収集に代表されるように、美術品をこよなく愛好する人物であった。彼のもとで絹屋以来の高級品生産の方針はますます拍車がかけられることになった。

八年後に十三代藩主となるのは、幕末の大老として政治史に大きな足跡を残すことになる井伊直弼《いいなおすけ》。彼は、不遇な部屋住みとして「埋木舎《うもれぎのや》」生活を送る頃から、楽焼に手を染めるなど焼物に強い興味をいだいていた。彼は藩主となるや直ちに窯場の規模を拡大する。同時に各地から優れた職人を招聘し、経営改革にも乗りだす。こうして湖東焼は黄金時代を迎えることになった。この時代に、白く堅く焼き締まった磁器を主体として、金襴手《きんらんで》・赤絵金彩・色絵・染付・青磁などのこまやかで美しい逸品が数多く焼成された。

しかし、黄金時代の幕切れは突然やってきた。直弼が桜田門外で暗殺されたのである。湖東焼はパトロンを失い、二年後に藩窯の歴史を閉じた。以後、再び民窯として山口喜平により維持されることになるが、製品からはかつての湖東焼の面影がしだいに薄れていく。

創始者絹屋半兵衛が湖東焼に寄せた情熱。その情熱を受け、藩窯期の湖東焼を支えた直亮と直弼。二人は藩主であるとともに美術品に理解を示す良きパトロンでもあった。あれから百数十年。湖東焼は「幻」を冠して呼ばれるほどに遠い存在になっていたが、近年、湖東焼に再び熱いまなざしを向ける人々が増えつつある。本書が、そうした地道に湖東焼の研究と復興に向け活動している人々の、座右の友となることを願わずにはおれない。

湖東焼の美

金襴手・赤絵

焼物に図柄が入る場合、二通りの方法がある。
①釉下彩色／素焼の後、呉須や鉄などの顔料で絵柄を描き、その上に釉薬を施して焼成したもの。
②上絵付／①の後、または素焼をしてから絵を付けずに釉薬をかけて焼成の後、赤や色絵の具、金などで絵柄を描き、低い温度で再焼成したもの。
　上絵付には次の種類のものがある。

1　金襴手

陶磁器の肌に金襴のように金色で文様などを描かれた焼物のことをこう呼ぶ。中国から伝わった技法で、上絵付の際にニカワで溶いた金泥や、金箔で図柄を描き、五〇〇度程の低温で焼付したもの。

　湖東焼をはじめ伊万里や京焼にこの技法が多く使われている。金は焼成後しばらくすると、その光沢が消えるが、古来よりこれをメノウの棒や粉末で磨くと上級の輝きが表れるといわれている。

2　赤絵

紅柄《べんがら》を主剤とした絵の具で上絵付を施したもの。六八〇～七五〇度位の低い温度で焼付ける。

　この技法はまず中国で西暦一二〇〇年頃より発達した。その後日本へは正保年間（一六四四～八）の頃、肥前国（現在の佐賀県）で柿右衛門が使ったのをはじめとし、同じころ古九谷でも明様《みんよう》の赤絵があったとされる。以後、数十年のうちに京都・瀬戸などにも伝わったという。

3　赤絵金彩

湖東焼といえばこの赤絵金彩を思い出す人も多いのではないだろうか。上記の赤絵の上にさらに金襴手を施した豪華な焼物が赤絵金彩である。金は焼付の温度が高いと、下地に溶け込んで消えてしまうため、赤絵付をしたあといったん焼いてから金をぬり再び焼き上げる。つまり赤絵金彩の作品は、素焼き・本焼き・赤絵・金彩と最低でも四回の窯に入った計算になる。

4　色絵

上絵付の際に赤・緑・黒・黄・青・紫など、多くの色を使う技法。さらに金を施し、色絵金彩とする場合もある。錦手《にしきで》と呼ばれることもある。


　上絵付の場合は錦窯（にしきがま・きんがま）と呼ばれる専用の小さな窯を使って焼成した。大変手間のかかる作業であったため、金襴手や赤絵などの美しい焼物は庶民の手には入らない高級品となっていたことがわかる。

　金襴手や赤絵、染付の画題としては、山水・竹林七賢・蘭亭曲水・麒麟・孔雀・鳳凰・獅子などが多く、近世末期の人々の中国趣向が強かったことが伺える。

1

金襴手芦雁図水指《きんらんであしかりずみずさし》

鳴鳳《めいほう》作　彦根城博物館蔵

高一五・〇　口径一四・五cm

袋形をした共蓋《ともぶた》の水指。純白に近い磁器の肌に、金泥による繊細な毛描き技法によって、芦と雁を大胆に描写している。風になびく芦の一本は、うねりながら共蓋へと伸び、雲にかかる月に映えている。大きな空間を残した大胆な構図と精緻な筆法は、焼物への絵付《えつけ》という域を越えて絵画的な手法を感じさせる。作者鳴鳳は彦根藩窯期の湖東焼を代表する絵付師。もと京都の寺侍であったが、妻子と鸞英という弟を伴って彦根に来て、数年ののち伊勢へ去ったと伝える。井伊直弼《いいなおすけ》が十三代藩主となって間もない頃のことである。

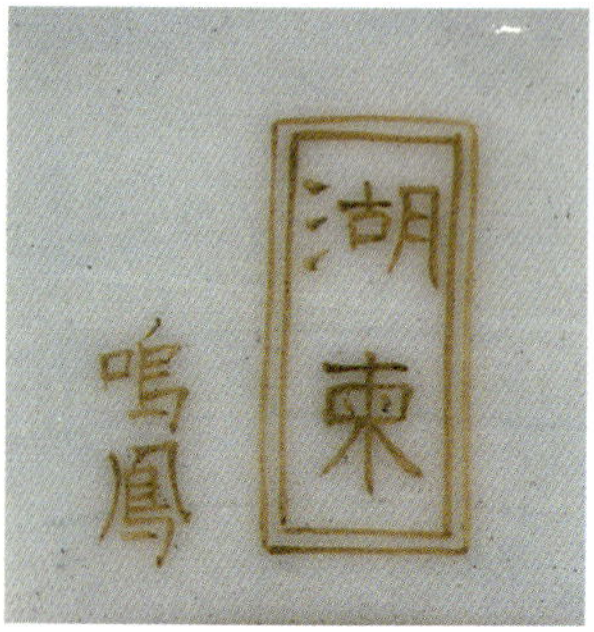

2

金襴《きんらん》手《で》柳《やなぎ》翡翠《かわせみ》図《ず》建水《けんすい》

鳴鳳《めいほう》作　彦根城博物館蔵

高六・八　口径一四・二cm

3

赤《あか》絵《え》金彩《きんさい》唐人物《からじんぶつ》図《ず》馬上杯《ばじょうはい》

幸斎《こうさい》作　個人蔵

高一一・四　口径五・六cm

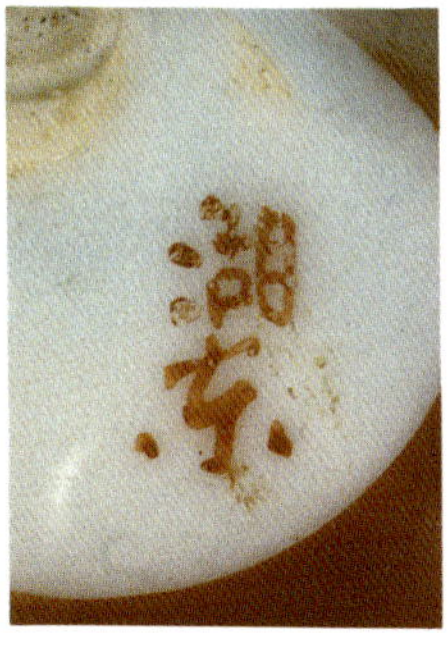

4

赤絵《あかえ》金彩《きんさい》羅漢《らかん》雲鶴《うんかく》文茶碗《もんちゃわん》

幸斎《こうさい》作　彦根城博物館蔵蔵

高七・五　口径一〇・六㎝

比較的小型の碗部に撥高台《ばちこうだい》のついた磁器製の茶碗。碗部は内に羅漢文、外に雲と鶴文をびっしりと細密な赤絵で埋め、赤の上に金泥を配している。そして腰部には長文の漢詩が細かく記され、文末に「湖東幸斎」の鼎印を付す。幸斎は、鳴鳳と同様に客分待遇の絵付師として活躍した人物である。もと飛騨高山の僧であったが、還俗《げんぞく》して絵を京都で学んだ。十二代藩主井伊《いい》直亮《なおあき》の時代に彦根に来て仕事をし、井伊直弼の時代になってほどなく京都へ去ったと伝えている。

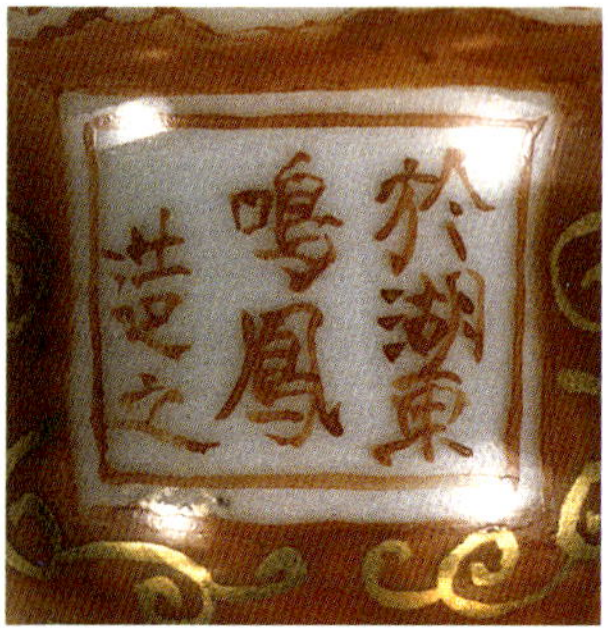

5

赤《あか》絵《え》金《きん》彩《さい》群《ぐん》仙《せん》図《ず》急《きゅう》須《す》

鳴鳳《めいほう》作　個人蔵

高九・五　胴径八・〇cm

6

赤《あか》絵《え》金《きん》彩《さい》人《じん》物《ぶつ》図《ず》急《きゅう》須《す》

鳴鳳《めいほう》作　個人蔵

高八・二　口径五・七㎝

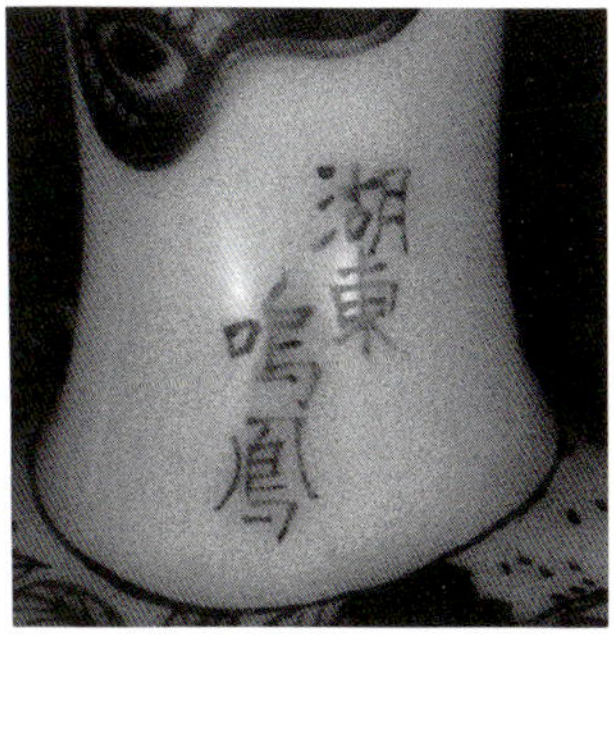

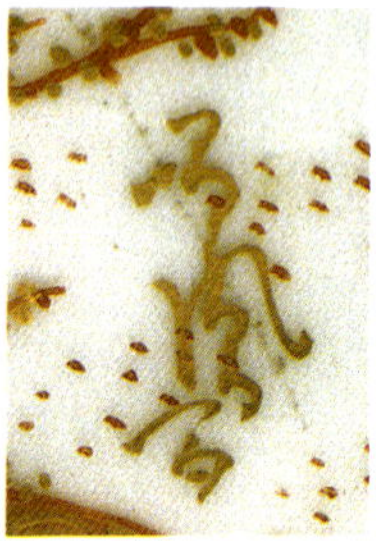

7

赤《あか》絵《え》金《きん》彩《さい》唐《から》子《こ》遊《あそび》図《ず》茶《ちゃ》心《しん》壺《こ》

鳴鳳《めいほう》作　個人蔵

高一三・九　胴径九・五㎝

焼物制作の流れ

焼物はおおまかに分けて三つの種類に分類できる。まず、有史以前より作り続けられてきた「土器」。粘土を使って成型し、野焼きという方法で九〇〇度ほどで焼かれたもの。縄文や弥生式土器というと分かりやすい。

その次に日本に入ったのが「陶器」。国内でも中世以降になると、高温焼成に適する陶土が各地で発見され、陶器が焼かれるようになった。

そしてもう一種の焼物が「磁器」。土器と陶器は粘土を原料とする焼物だが、磁器の原料は陶石と呼ばれる石で、上記の二種の焼物とは異なっている。磁器の最大の特徴は、陶器と違って焼き上がった作品の素地の透明性にある。それは陶石の成分中に珪酸（珪石）が多く含まれていて、それらが溶け出すために透明度が増すといえる。珪酸成分はガラスにも多く含まれるので、磁器の方がよりガラス的といえるだろう。国内では九州の天草や京都の出石などから陶石が産出されている。

当時の焼物は完全分業制で制作が行われていた。素地師、絵付師、窯師などと呼ばれるそれぞれの分野のプロフェッショナルがいて、一定の流れの中で作品を制作していたという。以下にその制作工程の一般的な方法を紹介する。

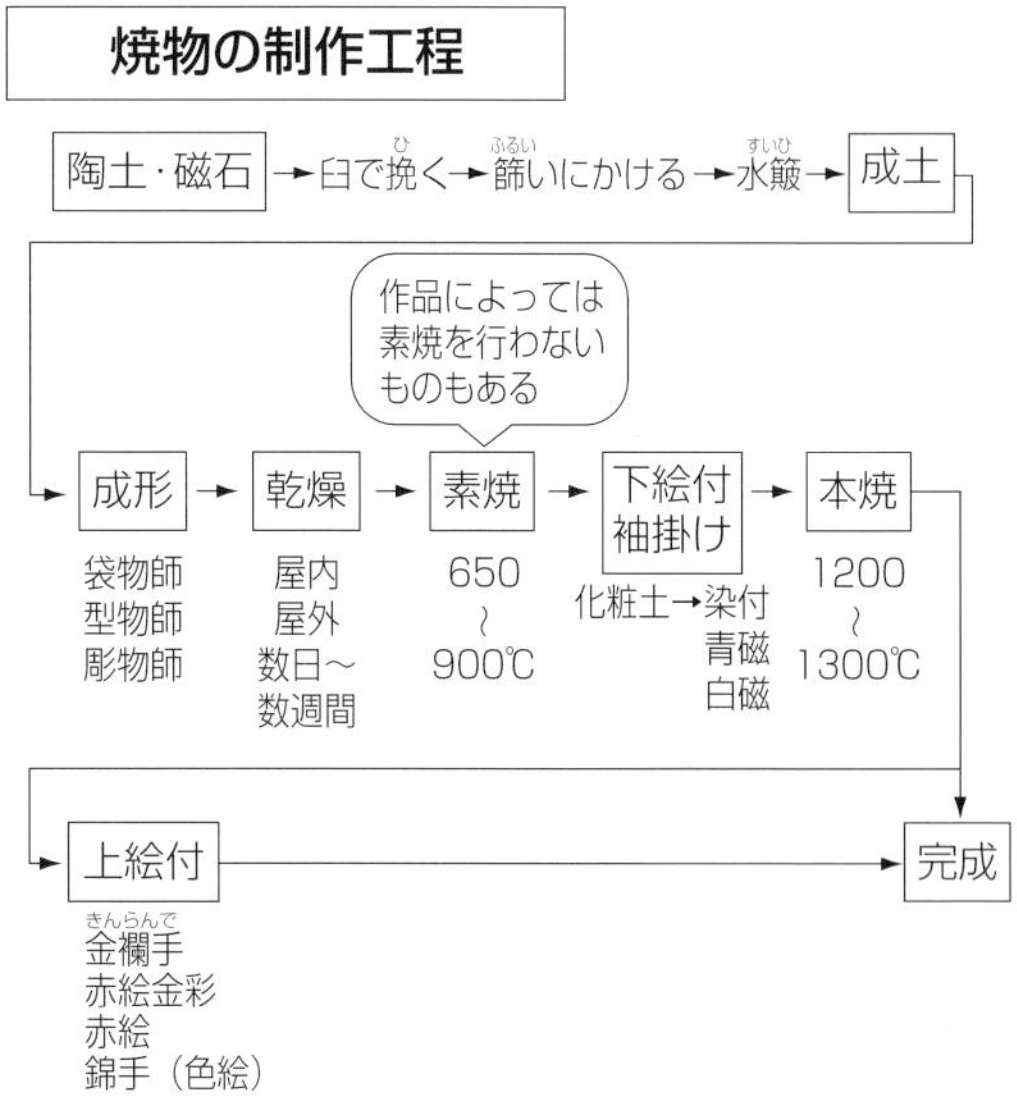

当時は本焼の多くが登窯によっておこなわれた。登窯は古来より日本では最も多く使用された窯式。前室は低く、後室は高くなるように傾斜面の上に長方形の小部屋を階段式に設ける。最前列の小室が焚口となり、順次煙が奥の部屋へと登ってゆくように設計されている。はじめはあぶるようにゆっくりと温度を上げ、窯から出るまで数日をかけて焼物を焼成する。この窯は一間ごとに癖があり、温度の上がり方も違ってくるため、適した品物を適した場所へ詰めてゆかなくてはならず、かなりの経験と苦心を要した。燃料は松割木を用いたが彦根では西江州から舟で運んできたものを使用していた。松は樹脂が多いので熱量が高く、焼物に適した燃料となった。

8

赤《あか》絵《え》金《きん》彩《さい》人《じん》物《ぶつ》図《ず》煎《せん》茶《ちゃ》碗《わん》

鳴鳳《めいほう》作　彦根城博物館蔵

高四・五　口径六・六cm

9

赤絵《あかえ》金彩《きんさい》鳳凰《ほうおう》文《もん》酒盃《しゅはい》

鳴鳳《めいほう》作

たねや美濠美術館蔵

高三・六　口径四・八cm

10

赤《あか》絵《え》金《きん》彩《さい》舟《ふな》遊《あそび》図《ず》鉢《はち》

鳴鳳《めいほう》作

たねや美濠美術館蔵

高八・七　口径二一・〇cm

11

赤《あか》絵《え》金《きん》彩《さい》遊《ゆう》鶏《けい》図《ず》太《たい》鼓《こ》胴《どう》形《がた》蓋《ふた》置《おき》

弥平《やへい》作　彦根城博物館蔵

高四・五　口径五・〇cm

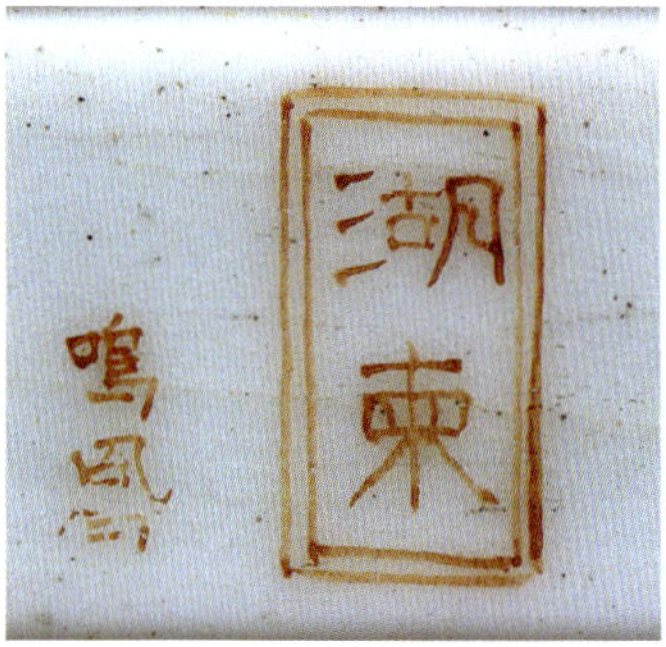

12　赤《あか》絵《え》金《きん》彩《さい》丸《まる》文《もん》散《ちらし》硯《けん》屏《びょう》

鳴鳳《めいほう》作　個人蔵

縦一三・一　横一五・二　幅六・一cm

硯の前に立てて風塵を防ぐ小さな磁器製の衝立。鏡板には大小の丸文を配して、内に花鳥や人物・山水などを毛描きの技法で繊細に描き、周囲は框《かまち》から脚台にいたるまで各種の唐草文で埋める。赤絵の顔料（紅柄《べんがら》）がひじょうに薄く絵付されており、そのために鮮やかな赤の発色となっている。鳴鳳は1の水指や2の建水のような大胆な構図の作品とともに、この硯屏のように細密な文様構成の作品も多い。しかし、上品で端正な作風は彼に固有のものである。

13

赤絵《あかえ》金彩《きんさい》捻《ひねり》文《もん》向付《むこうづけ》

弥平《やへい》作　彦根城博物館蔵

高七・三　口径一三・六㎝

14
赤絵《あかえ》金彩《きんさい》群仙《ぐんせん》図《ず》酒器《しゅき》

床山《とこやま》作　個人蔵

（徳利）

高一七・三　胴径八・〇cm

（酒盃）

高四・〇　口径六・九cm

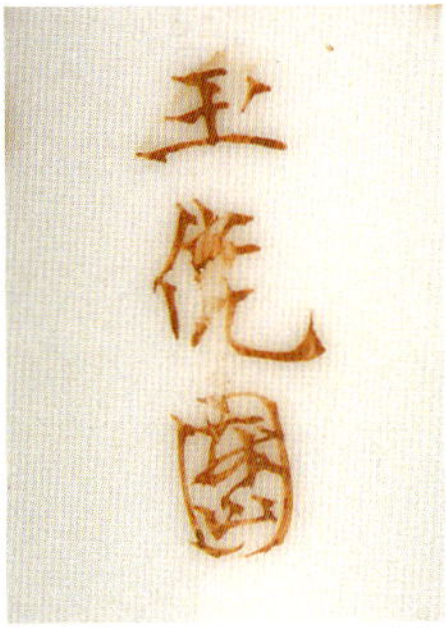

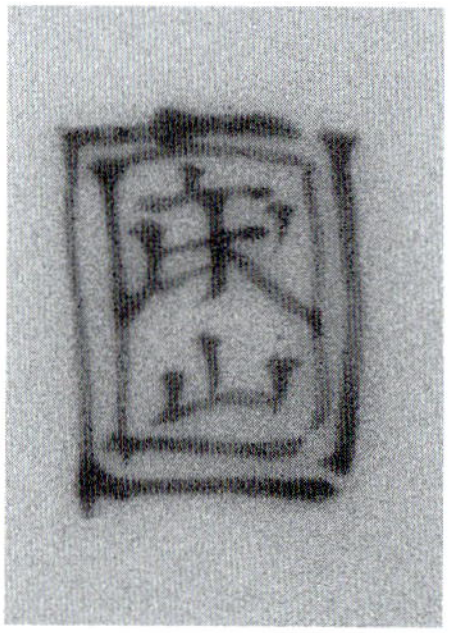

15

赤絵《あかえ》金彩《きんさい》司馬光《しばこう》甕割《かめわり》図《ず》茶心壺《ちゃしんこ》

床山《とこやま》作　個人蔵
高九・三　口径二・七cm

赤絵に金彩を補って司馬光甕割図を描いた小壺。煎茶で茶葉を入れる容器として用いる。司馬光甕割りの故事は、中国北宋の著名な学者・政治家となる司馬光が、いまだ七歳のとき、庭の水瓶に落ちた友を助けるために水瓶を割ったというもの。床山は坂田郡原村に住んだ絵付師。彼は、安政三年（一八五六）、自然斎・赤水・賢友とともに株仲間を結成し、おもに藩窯の素地を用いて自宅で上絵付をおこなった。

16

赤《あか》絵《え》金彩《きんさい》竹林《ちくりん》七賢《しちけん》図《ず》急須《きゅうす》

床山《とこやま》作　個人蔵

高九・二　口径六・六㎝

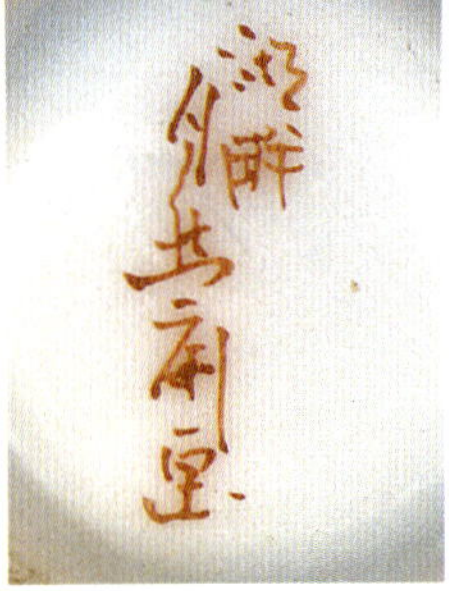

17

赤絵《あかえ》金彩《きんさい》山水《さんすい》図《ず》酒盃《しゅはい》

自然斎《じねんさい》作　個人蔵

高三・三　口径五・三cm

湖東焼の銘

銘は、正式には銘款《めいかん》といい、作者を表す印である。日本で陶器の銘印が使われはじめたのは室町時代末期で、窯式が進み共同焼成の作業を行うようになったことで、その必要性が生じたといわれている。すなわち大勢の作品が同じ窯に入れられるため、その区別化を図ったものと考えられている。銘は京焼以降に著しく発達し、その内容もバラエティに富んでいる。窯名、地名、作者名、九谷・伊万里などに見られる「福」の文字などがある。また、陶磁器は藩や有力者の保護下に運営されることも多く、その保護者より贈られる印を使用した場合もあった。湖東焼も直弼の時代には印を贈られている。

民窯としてはじまった頃の湖東焼は、伊万里や瀬戸の写しが多く作られ、無銘のものが多かった。銘が入る時は「澤山」（窯があった佐和山の古名）、や瓢《ひさご》形の中に「湖東」の二字が入れられていた。この頃の作品は、絹屋窯湖東焼とか民窯湖東とか呼ばれている。

直亮時代の銘は主に「湖東」の二字を用いたが、他にも「淡海彦根城」「金亀《こんき》山東」「金亀城東」「金亀山製」「金亀山」などがある。金亀とは彦根城のある山のこと。山東や城東とあるのは、彦根山を金亀山と呼んで、窯のあった茶碗山がその東方にあったことから、このような銘がつけられたと考えられる。また単に「湖」と書かれたものもある。

直弼の時代になると、銘を「湖東」の二文字に限り、これ以外の銘や工人の名を入れることを禁じていた。

銘は筆で書かれてある場合と、刻印が押されている場合がある。筆には楷書、草書、隷書などいろいろの書体があり、また書く段階も素焼以前、釉下彩色時や上絵付時など様々である。一つの作品に多くの職人が関わっていることもあり、現代のように銘やサインで作者を断定することは難しい。ただし、お抱え職人にならずに個人で湖東焼を制作していた作家は、個人の銘を入れることが許されていたこともあり、作者を限定できる場合もある。

18

赤《あか》絵《え》金彩《きんさい》花鳥図《かちょうず》六角茶巾筒《ろっかくちゃきんづつ》

自然斎《じねんさい》作　彦根城博物館蔵

高七・五　径三・二㎝

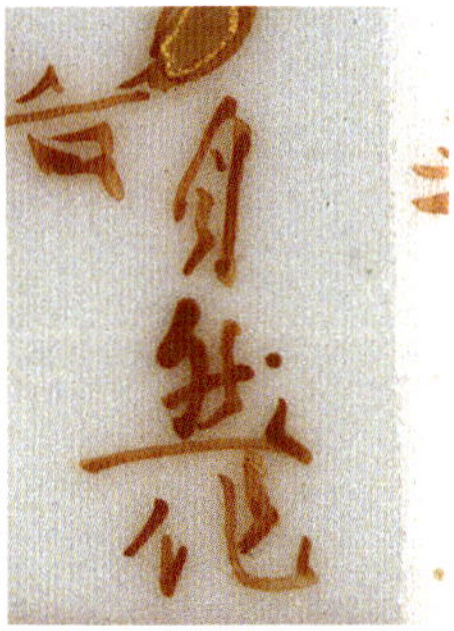

19

赤絵《あかえ》金彩《きんさい》人物《じんぶつ》図《ず》煎茶碗《せんちゃわん》

赤水《せきすい》作　個人蔵

高四・一　口径六・五cm

外側に三つ、見込《みこみ》に一つ窓をもうけて、中国の文人四態を描いた煎茶碗。湖東焼の優品には文人趣味を反映して、煎茶碗や急須・水注《すいちゅう》などの煎茶道具がもっとも多い。この煎茶碗もその類である。作者の赤水は中山道高宮宿の人。鳥居本宿に住した自然斎と同様に、作品の一部は街道を往来する旅人にも売った。のちに四日市へ移って万古焼にも手を染めている。

20

赤絵《あかえ》金彩《きんさい》鳳凰《ほうおう》文《もん》酒盃《しゅはい》

賢友《けんゆう》作　個人蔵

高三・九　口径六・四㎝

赤の地に金で鳳凰と牡丹唐草の文様を配した酒盃。鳳凰や牡丹唐草には、金彩の上から薄い箆《へら》で掻き取って形を描く「きしり」という湖東焼には珍しい技法が用いられている。底の高台の内側には枝折れの石榴《ざくろ》が一本描かれ、葉の一枚に賢友の銘がひそむ。賢友は城下の白壁町に住んだ絵付師。藩窯のお抱え絵付師として赤絵や染付を描いたが、床山達とともに株仲間を作って自宅でも絵付をおこなった。この作品は後者である。

21

赤《あか》絵《え》金彩《きんさい》竹林《ちくりん》七賢《しちけん》図《ず》土瓶《どびん》

個人蔵

高一一・九　胴径一〇・五cm

22

赤《あか》絵《え》金《きん》彩《さい》百《ひゃく》老《ろう》図《ず》急《きゅう》須《す》

個人蔵

高八・四　胴径九・一cm

23

赤《あか》絵《え》金《きん》彩《さい》百《ひゃく》老《ろう》図《ず》煎《せん》茶《ちゃ》碗《わん》

個人蔵

高四・〇　口径七・一cm

24

赤《あか》絵《え》秋草《あきくさ》蝙蝠《こうもり》図《ず》燭台《しょくだい》

自然斎《じねんさい》作　個人蔵

高一四・七　底径四・七cm

色絵

25

色絵《いろえ》花卉《かき》図《ず》鉢《はち》

可水《かすい》作　滋賀県立陶芸の森陶芸館蔵

高八・八　口径二三・二cm

赤絵と同じく上絵付の技法で制作される色絵は、華やかな彩りの焼物として、古くから親しまれてきた。地域によって錦手とも呼ばれ、陶器・磁器の両方でその技法が使われている。

まず本焼後の釉薬の上に、骨描きを施す。骨描きとは呉須やマンガン系の熱で融けない絵の具を使って、細筆でもって細かい文様などのアウトラインの線を描く。その上にのせるように緑や紫の絵の具を置き、低い温度で焼き付けると美しい色絵になる。色絵の具は赤以外は、焼くと透明なガラス質になるものが多く、その層を通して骨描きの線がのぞけるということになる。

色絵も金襴手の作品も共に錦窯という窯で焼成される。これは本焼の窯ではなく、色や金専用の小さな窯で、内部は二重構造になっており、内窯と外窯の間で薪や炭を使って焼かれた。なぜ二重になっているかというと、赤や色絵具は焔《ほのお》に直接あたると変色してしまうため部屋を分けなくてはならないという。ただし、錦窯がなくても色絵の焼成は可能で、その場合は鞘《さや》といって耐火粘土製の保護容器を使用する。上絵付のすんだ作品を輪状の鞘で囲い、焼きつける。登窯などの中で薪を燃やす事によって、自然と釉がけされる陶器と違って、窯詰め前に釉薬を掛ける磁器もこの鞘を使用して焼かれていた。

26

色絵《いろえ》花卉《かき》図《ず》蓋置《ふたおき》

自然斎《じねんさい》作　個人蔵

高五・一　胴径四・六㎝

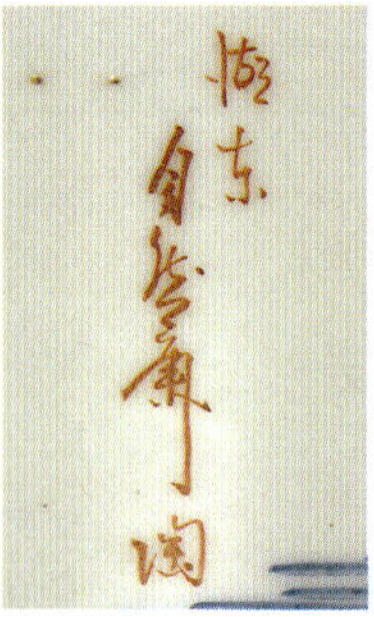

27

色絵《いろえ》山水《さんすい》図《ず》火入《ひいれ》

自然斎《じねんさい》作

たねや美濠美術館蔵

高八・五　口径一〇・二cm

28

色絵《いろえ》山水図《さんすいず》筆筒《ひっとう》

自然斎《じねんさい》作　個人蔵
高九・四　口径七・〇cm

画面を埋めつくすように色絵を駆使した筆筒。赤い岩肌から勢いよく落ちる水。それはやがてせせらぎとなり、橋の架かる人家の前を蕩々《とうとう》と流れる。筆法は良く馴れており、まるで画帳に描いたように流暢な絵付である。同じ意匠の火入27もある。自然斎は、治平のちに治右衛門と称した中山道鳥居本宿の人。家は旅館を本業とし、氏を岩根といった。彼は色絵のほか赤絵金彩の作品などを数多く残している。彦根藩井伊家古文書には自然斎が書き上げた自作品のリストが伝えられており、優品は彦根藩にも買い上げられたようである。

29

色絵《いろえ》花卉《かき》鳳凰《ほうおう》図《ず》蓋物《ふたもの》

自然斎《じねんさい》作　個人蔵

高一〇・二　口径一六・二cm

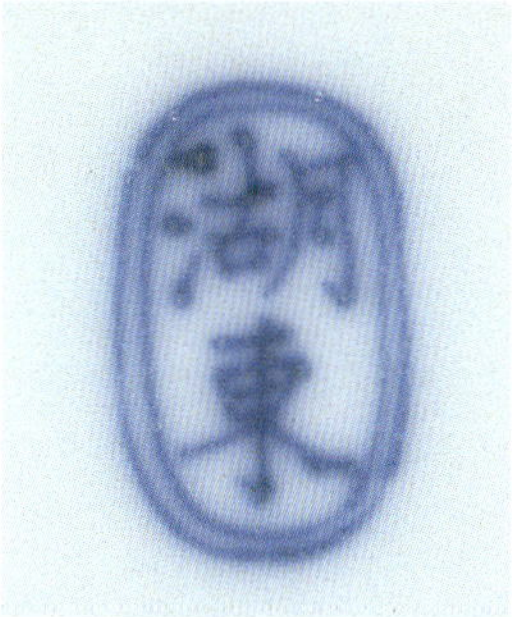

30

色《いろ》絵《え》伊《い》万《ま》里《り》写《うつし》丸《まる》龍《りゅう》文《もん》角《かく》皿《ざら》

個人蔵

高四・四　口径二二・〇cm

31

青手《あおで》古九谷《こくたに》写《うつし》鳳凰文鉢《ほうおうもんはち》

彦根城博物館蔵

高四・六　口径一三・〇㎝

湖東焼は、伊万里・瀬戸・九谷など各地各窯から工人を招いて技術の向上につとめたが、同時に「写し」物も数多く作られた。この作品は青手古九谷の写しである。見込に飛雲の間を舞う一対の鳳凰を大きく配し、周辺には縁文様として青手古九谷に特徴的な板目文様が巡る。底には青地に黒文字で「湖東」の銘が描かれる。銘がなければ、湖東焼と気付く人は少ないであろう。

32

色《いろ》絵《え》牡《ぼ》丹《たん》図《ず》入《いり》隅《すみ》形《がた》鉢《はち》

滋賀県立陶芸の森陶芸館蔵

高五・三　長径一六・二cm

33

青手《あおで》古九谷《こくたに》写《うつし》雲鶴文《うんかくもん》向付《むこうづけ》

個人蔵

高七・二　口径一二・六cm

染付

染付は、はじめに紹介した釉下彩色という方法で制作される。まず白地の素地に呉須とよばれる顔料で絵付を施し、その上に釉薬を掛けて高火度還元焼成（高温で酸欠状態で焼くこと）したものを染付という。すなわち釉下彩色で、釉の下に筆で描いた絵の具が、釉を通して透けて見える。素地の表面と釉に、色が染みついたように見えることから染付と呼ばれている。

34

染付《そめつけ》松《しょう》竹《ちく》梅《ばい》文《もん》水指《みずさし》

滋賀県立陶芸の森陶芸館蔵

高一六・〇　口径一六・三cm

染付は中央アジア・ペルシャあたりで発達した技法で、元のヨーロッパ侵攻の際に中国へ伝わり、中国元時代後期にその技法が確立されたといわれる。日本へは元和・寛永（一六一五～四四）の頃、朝鮮を通じて有田へ入ったといわれている。その後、九谷、尾張、鍋島、京都へと伝わった。京都陶磁器の全盛の文化・文政（一八〇四～三〇）の頃、染付も全盛期を迎える。

呉須はコバルト化合物を含む鉱物の名で、青緑色を帯びた黒石である。この鉱石を極細の粉末に加工し、八〇〇度程で焼き締めた素地の上に絵付を行うのだが、この時はまだ墨汁のように真っ黒な色で、ダミ（呉須を薄めた溶液の通称。薄いブルーに発色する）の部分も真っ黒のため、絵付の最後にはすべて真っ黒に塗られることになる。その後約一二〇〇度の高温で焼成すると、美しいコバルトの色が発色する。また、焼き上がらないとその濃淡の程度が分からないため、呉須の絵付は非常に難しいといわれている。

国内でも美濃や能登から呉須が産出したが、その品質は悪く、中国からの輸入品を「唐呉須」といって珍重したという。今も中国で上質の呉須が産出されているが、その量は微量で現在日本に輸入されてはおらず、入手は困難をきわめる。現在の流通している日本製呉須はほとんどが人工合成物である。

湖東焼の呉須は直亮の時代までは能登呉須や美濃呉須を使用していたが、直弼の時代になって唐呉須も用いるようになったという。

35

染付《そめつけ》牧童《ぼくどう》図《ず》水指《みずさし》

個人蔵

高一二・七　口径一八・八cm

ほのかな青味を帯びた滑らかな肌に、呉須《ごす》で牧童をあしらった水指。湖東焼では上物の絵付に高価な唐呉須を用いた。唐呉須は和呉須に比べて純度が高く、その分、焼成後鮮やかに発色するのを特色とした。この作品もまた唐呉須が使用され、白い肌にぬけるように青い。描かれている牧童は牛飼いの少年のこと。太平の姿を象徴する好画題として、和漢ともにこれを賞嘆した。

36

染付《そめつけ》芭蕉《ばしょう》人物《じんぶつ》図《ず》筒《つつ》花生《はないけ》

たねや美濠美術館蔵

高三五・五　口径一六・一cm

37

染付《そめつけ》花卉《かき》図《ず》大香炉《おおこうろ》

滋賀県立陶芸の森陶芸館蔵

高二一・五　胴径二五・五cm

38

染付《そめつけ》楼閣《ろうかく》山水《さんすい》図《ず》茶碗《ちゃわん》

個人蔵

高七・七　口径一〇・九㎝

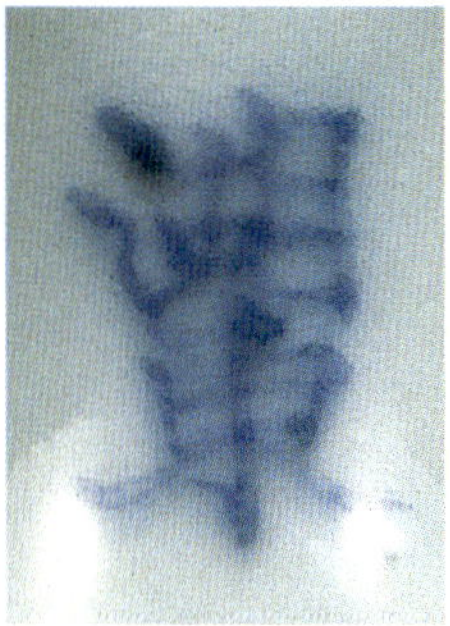

39
染付《そめつけ》人物《じんぶつ》図《ず》急須《きゅうす》

個人蔵

高一一・七　胴径一一・二cm

40

染付《そめつけ》騎《き》馬《ば》人物《じんぶつ》図《ず》煎茶碗《せんちゃわん》

滋賀県立陶芸の森陶芸館蔵

高四・六　口径六・一cm

41

染付《そめつけ》銘《めい》花十友《かじゅうゆう》図《ず》水鳥形《みずどりがた》向付《むこうづけ》

個人蔵

高三・六　長径一八・三cm

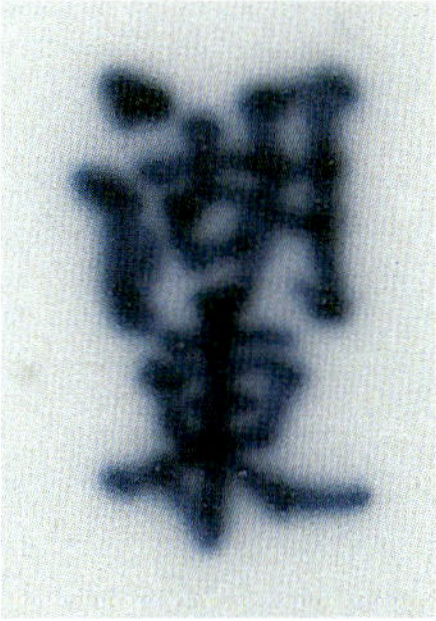

42

染付《そめつけ》蝉形《せみがた》蝉《せみ》図向付《ずむこうづけ》

彦根城博物館蔵

高四・〇　長一六・〇cm

　呉須染付の向付。五枚で一組をなす。素地がほのかに青く、染付に柔らかさを与えている。蝉を簡略化した器形と、花卉にとまる蝉の絵が奇抜でおもしろい。底部に四足がつき、その中央に「湖東」の銘がひそむ。素地のほのかな青味は湖東焼の特色の一つ。釉薬として混ぜた物生山石《むしやまいし》が原因とも、窯場の金気《かなけ》水によるともいわれている。

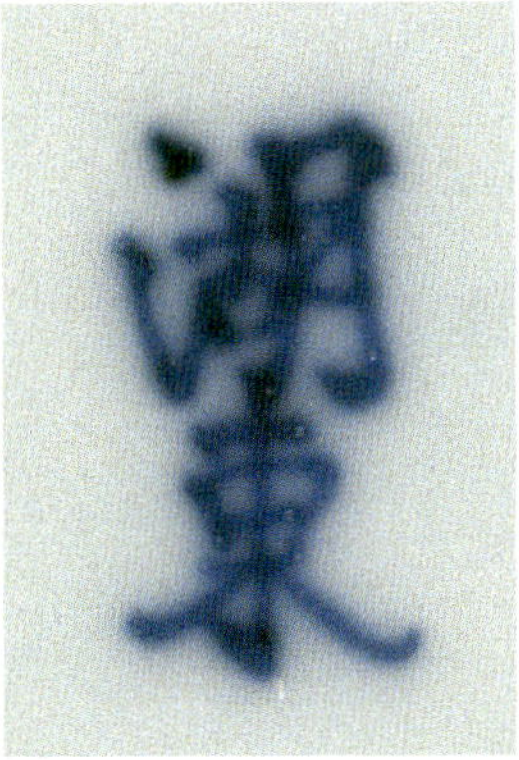

43

染付《そめつけ》龍文《りゅうもん》軍配形《ぐんばいがた》向付《むこうづけ》

個人蔵

高三・四　長径一六・八cm

45

染付《そめつけ》楼閣《ろうかく》山水《さんすい》図《ず》水注《すいちゅう》

滋賀県立陶芸の森陶芸館蔵
高一九・三　胴径一四・八cm

棗《なつめ》形の胴に構図よく楼閣山水を描いた水注。把手や注口それに蓋の摘《つま》みを四角にするなど、要所に凝った細工が光る。湖東焼の絵付は、こうした山水図に限らず人物図や各種の文様など、いずれも画題を中国に求めたものが多い。

44

染付《そめつけ》菊《きく》芭蕉《ばしょう》図《ず》水注《すいちゅう》

個人蔵

高一八・一　胴径一三・六cm

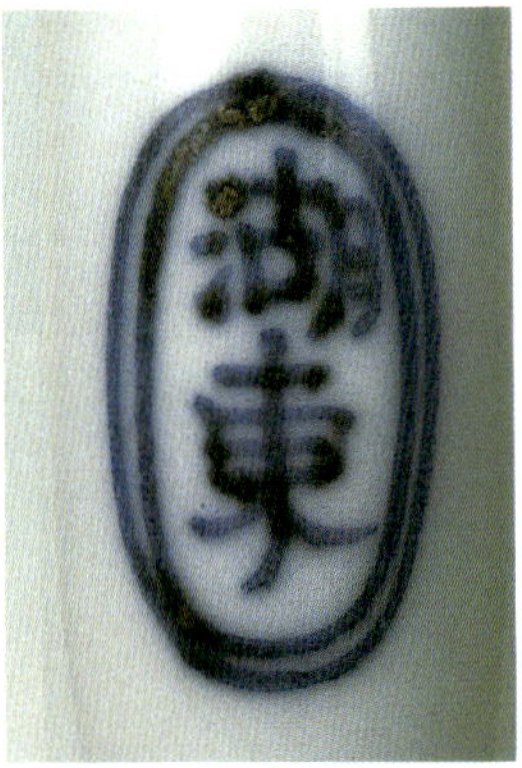

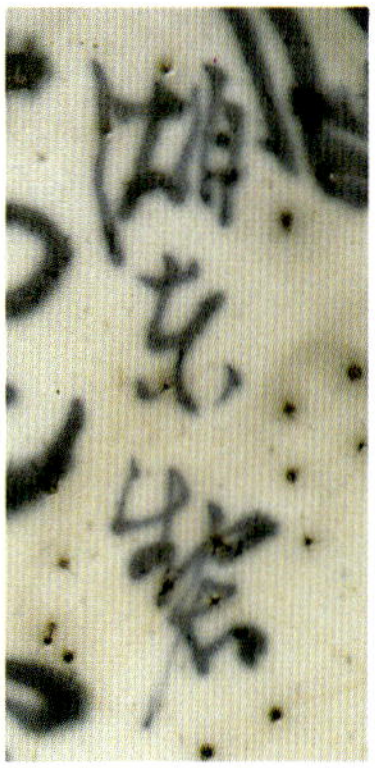

46

染《そめ》付《つけ》蓬《ほう》露《ろ》酒《しゅ》徳利《とっくり》

個人蔵

高一六・五　胴径一〇・六cm

47

染付《そめつけ》松《しょう》竹《ちく》梅《ばい》鶴《つる》文《もん》銚子《ちょうし》

個人蔵

高一一・一　胴径二〇・一cm

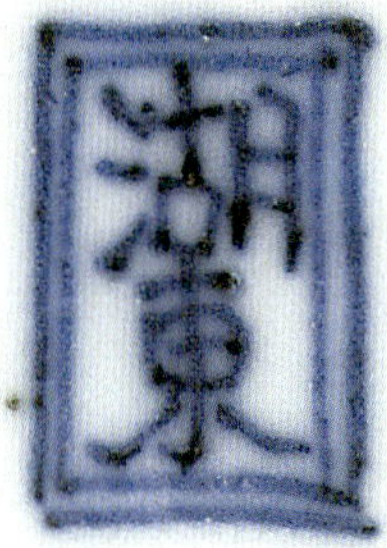

48
染付《そめつけ》牧童《ぼくどう》図《ず》大皿《おおざら》
個人蔵
高一〇・三　口径四五・六㎝

49

染付《そめつけ》彦根《ひこね》名所《めいしょ》図《ず》大皿《おおざら》

たねや美濠美術館蔵

高一〇・三　口径五一・〇㎝

50

染付《そめつけ》富《ふ》士《じ》渡《わたし》舟《ぶね》図《ず》鮑《あわび》形《がた》鉢《はち》

淇川作　滋賀県立陶芸の森陶芸館蔵

高九・〇　長径三三・五cm

51

染付《そめつけ》紅毛人《こうもうじん》図《ず》小鉢《こばち》

個人蔵

高六・八　口径一五・八cm

52

染付《そめつけ》山水《さんすい》人物《じんぶつ》図《ず》胴締《どうじめ》壺《つぼ》

たねや美濠美術館蔵

高二五・一　口径二二・二cm

53

染付《そめつけ》銘《めい》花十友《かじゅうゆう》図《ず》火鉢《ひばち》

個人蔵

高一四・五　胴径一六・九㎝

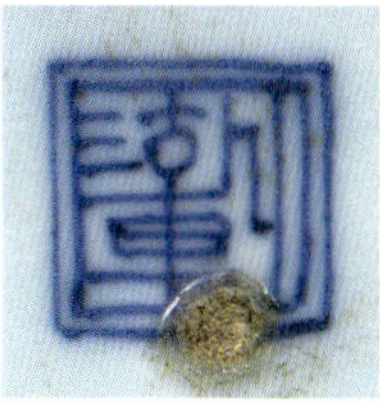

54

染付《そめつけ》竹林《ちくりん》七賢《しちけん》図《ず》筒花生《つつはないけ》

彦根城博物館蔵

高四一・〇　口径一八・〇cm

55

染付《そめつけ》山水《さんすい》図《ず》重《かさね》色紙《しきし》形《がた》向付《むこうづけ》

彦根城博物館蔵

高二・八　長径一〇・六cm

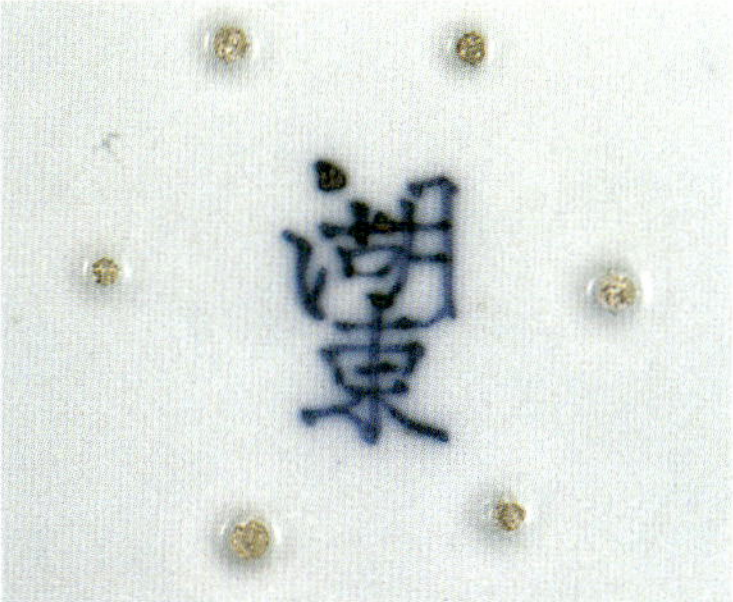

56

瑠璃《るり》地《じ》波《なみ》千鳥《ちどり》文《もん》釣瓶《つるべ》形《がた》花生《はないけ》

個人蔵

高一四・二　口径一五・〇㎝

青磁など

焼物の素地に含まれる長石や石英、薪が燃えてできる灰の中の石灰分などは、加熱することによってガラス質になる。この性質を生かした焼物の表面を覆うガラス質のものや、その焼成前の原料を釉《うわぐすり》または釉薬《ゆうやく》という。施釉した焼物は釉のかかっていないものに比べて、液体などを通しにくく、耐久性を持つようになる。

57
青磁《せいじ》印花《いんか》文《もん》砧形《きぬたがた》花生《はないけ》
個人蔵
高二一・一　口径六・五cm

釉薬には様々な種類や使用の方法があり、それをうまく駆使することによって焼物の表現方法の輪を広げることが可能である。

雑木の灰を主成分とした釉薬を掛けて焼成された青磁は、その灰に含まれるわずかの鉄分が還元して美しい青い色を生み出す。中国ではすでに紀元前約一六〇〇年、殷の時代に作られていたが、還元が不完全のためきれいに焼成できず、鈍い草色の釉薬となっていた。その後、周から漢にかけて青磁が盛んになり、色もだんだんと洗練されていった。中国では翡翠が非常に大切にされていたが、その翡翠色の美しい焼物として青磁は完成されていった。現在では透明釉に紅柄などの鉄分を添加して、人工的に作られることも多い。湖東焼にも紅柄が加えられているものがある。

青磁以外にも釉には多種多様な種類があり、瑠璃釉というのは酸化コバルトを加えて着色した色釉の一種で、磁器に多く使われている。瑠璃とはもともと宝石を指しているが、日本では青色のガラス質のものをそう呼んだものが多い。

灰釉は草木の灰類を媒熔剤としたもので、ごく薄く青の入った透明な釉で透明釉とも呼ばれる。温度差であまり変化しない安定した釉のため、湖東焼をはじめ東洋の陶磁器には最も多く使われている。今日ではその代用として石灰などによる釉薬が作られている。

58

青磁《せいじ》牡丹《ぼたん》唐草《からくさ》文《もん》砧形《きぬたがた》耳付《みみつき》花生《はないけ》

個人蔵

高二八・七　胴径一六・一cm

湖東焼は、さまざまな種類の磁器を焼成しているが、青磁にも優品が多い。この作品は砧の形をした青磁の花生。胴から肩にかけて牡丹唐草文を太い沈線であっさりと描き、頸部に蕉葉文帯と五条の太い沈線がめぐる。頸部両端には龍を意匠化した耳がつく。肌がなめらかで青磁の発色もよく、すっきりした作品に仕上がっている。高台内には、二重小判形の枠に楷書で「湖東」と押印する。

59

青磁《せいじ》青海波《せいかいは》文《もん》杭形《くいがた》花生《はないけ》

個人蔵

高二九・七　口径一四・二cm

60

青《せい》磁《じ》龍《りゅう》青《せい》海《かい》波《は》文《もん》杭《くい》形《がた》花生《はないけ》

個人蔵

高二九・六　口径一四・一cm

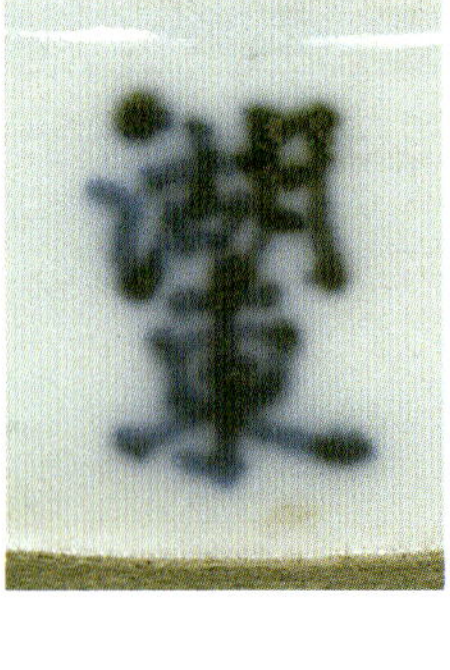

61

青磁《せいじ》竹形《たけがた》蓋置《ふたおき》

個人蔵

高五・七　胴径五・九cm

62　青磁《せいじ》耳付《みみつき》火鉢《ひばち》

個人蔵

高一七・四　口径二四・〇cm

63

仁清《にんせい》写《うつし》大根《だいこん》図《ず》茶碗《ちゃわん》

個人蔵

高六・九　口径一三・一㎝

64 仁清《にんせい》写《うつし》笹《ささ》鼠《ねずみ》図《ず》茶碗《ちゃわん》

滋賀県立陶芸の森陶芸館蔵

高七・五　口径一三・九cm

湖東焼には珍しい陶製の茶碗。胴部に大きく笹と鼠を描く。高台脇《こうだいわき》から土見《つちみ》となり、高台は撥高台《ばちこうだい》。全体にわびた風情に仕上げており、雅趣に富んだ作品となっている。高台脇の土見の箇所に、二重小判形の枠を配して内に「湖東」と押印する。ほかにも大根や梅・蕪などを描いた同様の茶碗があり、安政六年（一八五九）五月、井伊直弼の好みで作った一連の茶碗と伝えており、その下絵は直弼自筆という。

65

色《いろ》絵《え》寄《よせ》向《むこう》付《づけ》

個人蔵

(中央)高三・八　長径一七・七cm　他

白化粧

中国の唐三彩などに見られるように、素地の上に白などの絵土を施してある作品があるが、この絵土を施すことを化粧という。素地の上に掛けその上に釉薬を掛けるので、下釉と呼ぶこともあるらしい。陶磁器を作る場合、有色の土を使っても、白色の仕上がりにしたい時などに使われてきた。ヨーロッパや中国をはじめ日本などでもよく使用される技法である。エジプトでは釉を使いはじめた同時代から、化粧掛けの技術もあったといわれ、そのはじまりは紀元前数千年の昔にあるといわれている。

日本では白絵土が良いとされており、近江では信楽黄瀬、蒲生郡鏡山、甲賀郡下田、高島町などが有名な産地だった。風化した岩石がその地点に溜まって薄い層状になって産出されるもので、多産はされないために単価も割り高になっている。他にカオリン、天草石などの原料も化粧土として利用できる。現在では白絵土は殆どなく、幻の粘土とも呼ばれている。色土を化粧掛する色化粧もあったが、一般には白化粧がよく使われていた。

もともとの目的は、素地の上に白色の化粧掛けを施すことによって、素地の表面を覆って白く見せることであったが、有色素地の上に景色としての白化粧を施す技法もよく使われる。

湖東焼の場合も、化粧掛には白絵土を使用していたと考えられる。この土は産出量が限られるため、まったくの白の部分というのは少なく、鉄などの成分を微量に含んでいたものがほとんどだった。そのため湖東焼の特色といわれる釉薬の仄かな青みも、この化粧土に含まれる鉄の成分が原因ではないかといわれている。また、湖東焼の窯のあった茶碗山一帯から出る水が金気を含んでいるために、それが変化して、湖東焼は青みを帯びた釉の色をしているのだという説もある。いずれにしても原因ははっきりとはしておらず、幻のままである。

湖東焼の歴史

現存する絹屋の外観

■民窯期―絹屋窯

彦根の外舟町（現・船町）で古着商を営んでいた絹屋半兵衛《きぬやはんべえ》は仕事で京都へ出向いた際、清水、五條坂で見かけた京焼に興味を覚え、窯を興すことを決意したという。焼物に手を出せば家が潰れるというほどの大事業。そこで半兵衛は古着商仲間である油屋町の平助と、御蔵手代の澤町の宇兵衛の二人を誘い、三者出資の組合商合《くみあいあきない》の形で湖東焼を始めることになった。これが絹屋窯である。

京都で知り合った伊万里職人を彦根に呼び、城下町の南、芹川下流の晒屋《さらしや》（晒山）に窯を築いたのが文政十二年（一八二九）。初窯は失敗に終わったが、翌年の窯でなんとか成功。藩主に献上し、御用命を承ることもできた。しかし、このとき早くも平助は事業から手を引いてしまった。

同年、窯場を佐和山の山麓にある餅木谷《もちのきだに》に移転。絹屋窯での本格的な生産が始まったが、天保二年（一八三一）に宇兵衛も去り、以後、半兵衛の単独経営となった。

当初、伊万里に習い、丸窯を用いていたが、その後瀬戸の職人を招聘し、窯は瀬戸の古《こ》窯《がま》の登窯風に改良された。各地からの技術が湖東焼に注ぎこまれ、良品を産するようになった。

ちなみに青味を帯びたうわぐすりの秘密ではないかともいわれる物生山石《むしやまいし》や、陶土として使われた敏満寺土《びんまんじつち》など、地元にある良質の土は半兵衛自らが発見したと伝えられている。この頃の作品には伊万里や瀬戸の写しも多く、無銘のものが多い。銘が入るときは「澤山」や瓢形《ひさご》の中に「湖東」と入れられていた。

絹屋窯は藩の御用も多く承るようになったが、それだけでは経営が成り立たない。商品は主として大坂の瀬戸物問屋に卸し、地場の茶碗屋でも売られていたという。しかし、名の通った伊万里や瀬戸が量産体制をとって市場を席巻している中に入り込むには困難を窮めた。

天保五年（一八三四）、窯が破損した際、半兵衛は彦根藩に援助を願い出て、銀五貫目を借用した。更に天保十二年（一八四一）には銀十五貫目を借用することになる。

多大な援助のお蔭で、ようやく見通しが明るくなったのも束の間。翌年、絹屋窯に思いもかけない事態がおきた。

彦根城

埋木舎

■藩窯期

大老職を辞し、彦根に戻ってきた藩主・井伊直亮《なおあき》は、天保十三年（一八四二）九月、突然、絹屋窯を御用窯《ごようがま》にするよう申しつけたのである。

直亮はたいそうな目利きであった。長崎に舶載《はくさい》逸品が入ると、「彦根様か薩摩様のお目にかけよ」と商人たちの間で言われたほどである。さすれば、二度にわたる藩からの援助金は、湖東焼の水準の高さに目をつけ、藩窯《はんよう》にするもくろみがあってのことだったのかもしれない。

藩窯は絹屋窯の職人をそのまま受け継ぐとともに、高度な技術と品質を追求するために瀬戸・九谷・京都の各窯から多くの職人を招き、また窯も増改築された。しかし世情不安な時期、直亮は弘化四年（一八四七）に相州沿岸警備を命じられ、湖東焼に本腰を入れる間もなく、嘉永三年（一八五〇）彦根城中で没した。

直亮亡きあとを継いだ直弼《なおすけ》は十七歳のときから「埋木舎《うもれぎのや》」で長い部屋住み生活を送っていた。その間、居合、和歌、禅、能、茶など文武両道に励み、特に茶においては、座右銘「一期一会」に因んで『茶湯一会集』を著し、一派をたてた。彼はまた楽焼をたしなみ、多くの作品が残されている。

直弼はまず、窯を五間から七間に拡張し、各地から名工を召し抱えるとともに、人材の養成にも努めた。最盛期には数十名の職人を抱えていたという。藩窯期には、幸斎《こうさい》、鳴鳳《めいほう》という客分待遇の優秀な絵付師《えつけし》が彦根に招かれ、繊細、華麗な名品を残している。

さて、販売についてはどうだったろうか。当初、藩の京都・大坂売捌所《うりさばきじょ》での販売の他、問屋株を与えられた絹屋をはじめとする城下の四人の焼物商に販売権を与えた。しかし、設備投資や、材料、多くの職人の経費などを賄えるだけの成果はなく、藩窯の経営は相変わらず苦しかった。

そこで、嘉永五年（一八五二）、直弼は藩内の豪商、藤野四郎兵衛に経営を委託した。彼は松前交易で財をなした下枝村（現・豊郷町下枝）の近江商人である。しかし二年間で一千余両もの損失を招き、四郎兵衛は委託経営を辞退した。

黒船が来航し、直弼は江戸と彦根を往復する日々が続いた。出費多大な折り、藩窯存続についても普請奉行から論議が出ていた。しかし、直弼はひるまず、積極策をとることにした。「藩窯の大改革」である。安政二年（一八五五）から始まった窯場の拡張により、規模は二倍となり、土焼窯も築かれた。これにより高級品の増産を計るとともに大衆市場向け普通品も生産されるようになった。飽くなき高級品生産によって湖東焼は黄金時代を迎え、その名声は確立された。

白壁町の賢友《けんゆう》、高宮村の赤水《せきすい》、原村の床山《とこやま》、鳥居本村の自然斎《じねんさい》の四名の絵付師が株仲間を結成したのは、安政三年（一八五六）のことである。おもに藩窯の素地を買い、自宅で上絵付をした。四人のうち、賢友はお抱え職人でもあったが、株仲間に参加していた。藩のお抱え職人は自分の銘を入れることを禁じられていたが、株仲間は銘を入れることができた。また賢友以外の三人は、中山道沿いに居住し、旅人に土産物としても販売していた。

こうして二代にわたる藩主のもと、独自の技術と文化を築き、湖東焼は最高の水準を極めたのである。しかし、歴史の一頁に綴られる事件によって事態は一変した。

万延元年（一八六〇）三月三日、登城途中の直弼が襲撃された桜田門外の変は職人の動揺はもとより、藩窯の経営危機に直面した。多くの職人が四散し、主力は京都の清水に移ったという。

惜しくも文久二年（一八六二）九月、名声を残したまま、藩窯は廃止された。幼主直憲《なおのり》に引き継がれて二年後のことであった。

藤野四郎兵衛の屋敷跡
現在は資料館又十屋敷として公開されている

自然斎が営んでいた旅籠米屋跡（鳥居本町）

■再び民窯へ

藩窯に最後まで残っていたのは彦根出身の四人の職人であった。彼らは窯場の設備、材料等の一切の払い下げを受け、仕事を続けた。中心人物は山口喜平で、この窯を山口窯《やまぐちよう》と呼ぶ。

藩窯湖東焼は高級品を主力とし、重宝されていたものの、民窯では販路が伴わない。次第と一般市場向きの日用雑器、陶器に重点がおかれ、従来の湖東焼とは異なる作風になった。

最後まで一人残って細々と続けられていた山口窯も明治二十八年（一八九五）、喜平の死とともに廃絶した。

湖東焼の窯場

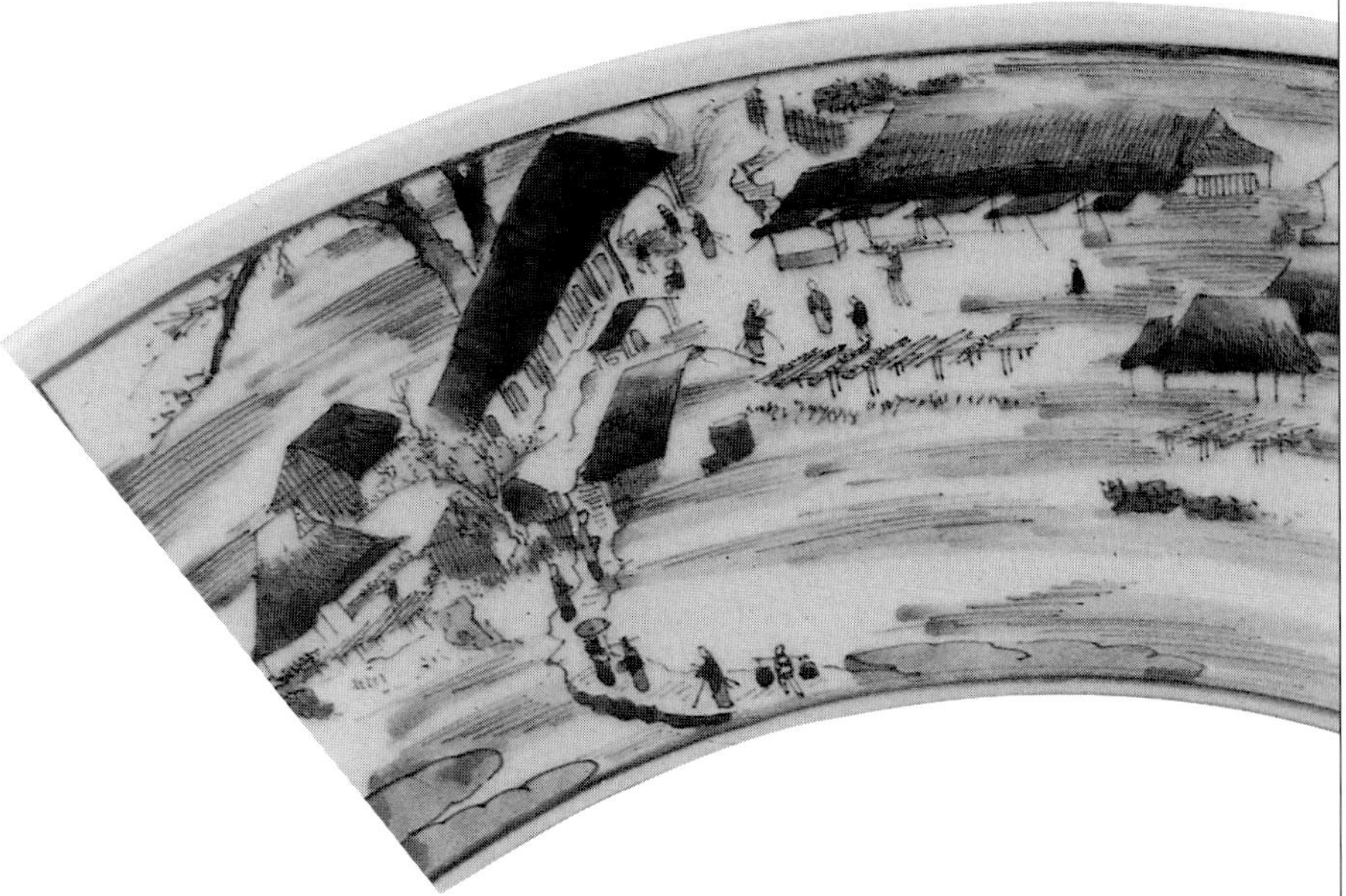

図1　安政２年の湖東町焼窯場（『湖東焼窯場跡測量調査報告書』より転載）

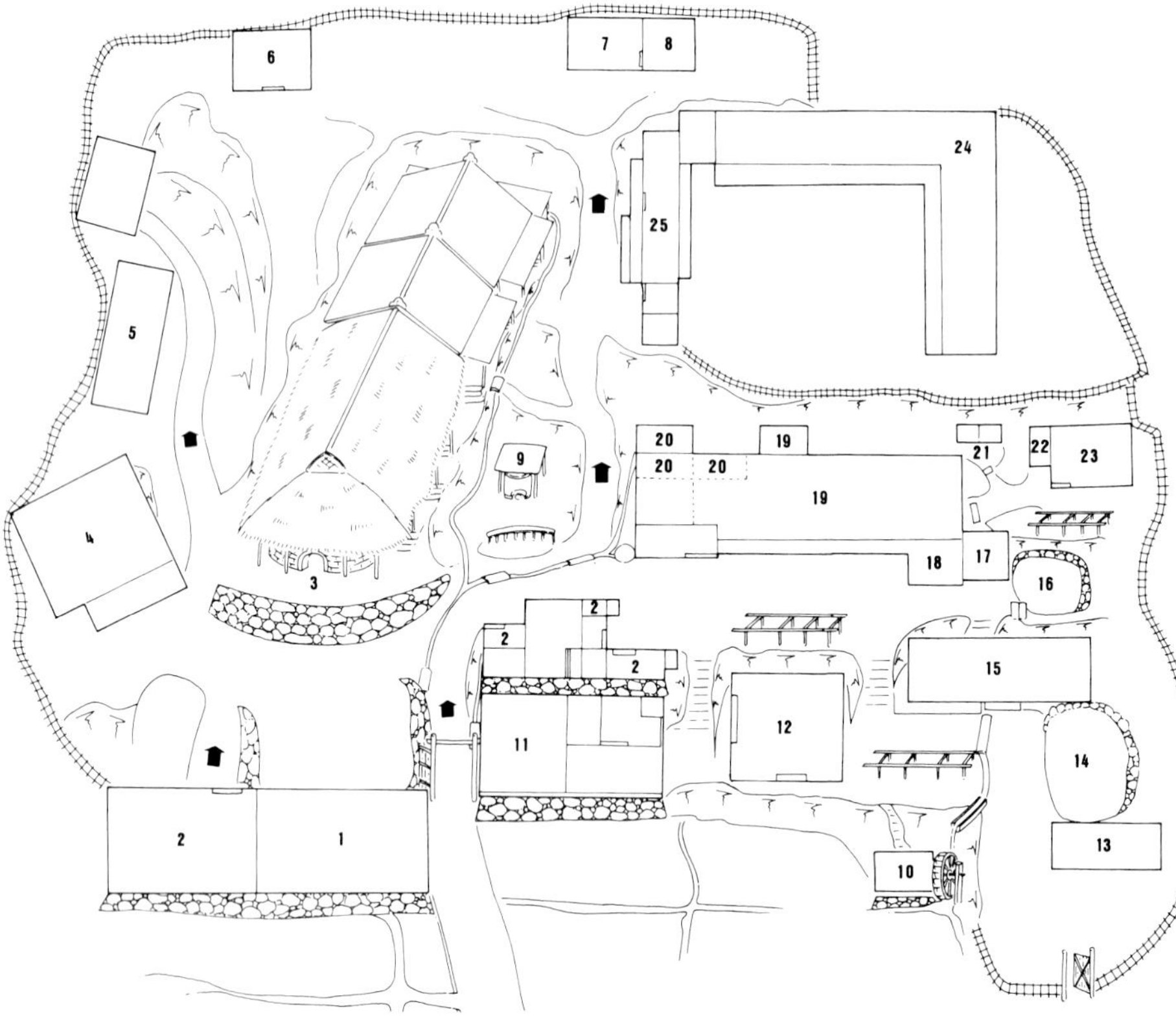

1. 板間	3間×4間半	13. 土干小屋	1間半×3間
2. 座	3間×3間半ほか	14. 溜池	
3. 丸窯　萱葺	3間×8間	15. 土漉場	3間×8間
板葺	3間×6間	16. 用水溜	
4. 素焼物入幷細工場	3間×3間半	17. 附足し	1間
5. 物入小屋幷唐臼場	3間	18. 附卸し	1間
6. 杵灰小屋	2間半×9尺	19. 細工場	2間×7間ほか
7. 木火仕窯	4間×2間	20. 土室	
8. 附足し小屋	2間×2間半	21. 雪隠	
9. 小素焼窯		22. 風呂場	9尺×9尺
10. 水車小屋	9尺×9尺	23. 台所	2間半×3間
11. 土置場		24. 割木小屋	2間×12間
12. 素焼窯	3間×3間	25. 木火仕幷道具入	7間

■湖東焼窯場跡の資料

湖東焼の窯は絹屋窯として、芹川左岸の晒山に築かれたが、その翌年には佐和山山麓の餅木谷に移され、その後湖東焼が絶えるまでここで続けられた。現在、晒山についてはその位置がおおよそで推定されるのみで、資料はほとんど残されてはいない。一方、餅木谷には窯跡が残されており、資料も現存しているので以下に紹介したい。

写真図版49で紹介した「染付彦根名所図大皿」には当時の窯場の風景が残されている（87頁に部分図）。松原内湖などの名所に混じって、紹介されている湖東焼の窯場からは、焼成の最中らしく煙がもくもくと吹き出している。その横には戸を上げて風通しを良くした細工場らしい長棟、表には土干しの施設などがあり、当時の焼物作りの風景を描いた大変珍しい作品である。中央に弘化年製の文字が見えるが、これは湖東焼が藩窯となった初期の頃で、藩主直亮のもとで高級品の制作に力を入れはじめた時代である。

口絵の「御陶器場所地面并諸御建前御絵図」は安政二年（一八五五）に彦根普請方が作成したもの。直弼のもとで窯場が大幅に改革され、規模の拡大が計られて黄金期の幕開けとなった頃の絵図である。図1は絵図をもとに作成した、窯場の図面である。ここでどのような方法で焼物が作られたか以下に簡単に紹介する。

俵詰めにされた原料（陶土・磁石など）は11土置場あたりに降ろされた後、5や10にある臼で挽かれ、15土漉場で微粉にされた。その際に用いる水は、土漉場の上下にある14・16の溜水を使用したものと推察される。そうして、ようやく原料となる土が完成し、成形作業へと移ることができる。

成形は19の細工場で袋物師・型物師・彫物師などが分業で行った。成形の後は乾燥を行う。19の前にある3基の棚のようなものに、成形後の作品をのせて乾燥させたと思われる。

作品が完全に乾燥したら、12や9の素焼窯で作品は素焼される。その後、絵付を行うのだがこの作業は4の素焼物入并細工場などで行われたのではないだろうか。絵付終了後、釉薬を施して本焼に入る。その釉薬の中でも高級品の柞灰は6柞灰小屋に大切に保管されていた。

次に3丸窯で本焼を行う。24・25は、窯の棚などの道具や燃料となる薪などを蓄える施設だった。薪は火力の強い松の割り木が使われ、薪に使用する際に7木火仕窯で強制的に乾燥させたりすることもあったと考えられる。

2座などの部屋には、藩窯の管理運営する役人などが詰めていたのではなかろうか。台所や風呂場などの生活施設も見ることができる。

絵図には貼り紙がされている部分もあるが、それは安政三年以降の増改築時に貼りつけたものらしい。この絵図からは毎年のように増改築をくり返した彦根藩の力の入れようがうかがえる。

窯場跡

窯の周辺に建っていた建物の礎石跡

■現在の窯場跡

佐和山山麓にある窯場跡には、窯跡を示す石柱のほかには何も見えず、長い年月の間に畑や竹林に姿を変えてしまっている。わずかに煉瓦積みの痕跡から、その部分に連房式の登窯があったものと予測されるのみである。

しかし窯場跡の北側一帯には、多量の遺物が散布しており、まさしく窯場跡であったことを物語っている。この場で行われた市教育委員会による、二度の発掘調査によると、この辺りには不用となった窯道具や、仕上がった際に出た不良品が投棄されていたらしく、素焼きのかけらなども発見されている。しかし、これらの中のものは、湖東焼を代表するような風格の作品はごくわずかで、日用雑器的なものが多く、民窯山口窯の時代のものではないかと推測される。

湖東焼窯場跡には未だ明確にされていない事柄が多く、その実体の不明さが「まぼろし」といわれる所以のひとつでもあるが、さらなる調査、研究の進展が望まれる。

蘇れ！　幻の湖東焼

2007年3月完成した「晒屋窯《さらしや》」。芹川下流のこの近辺が湖東焼の最初の窯場であったという

彦根城の堀端、彦根美濠《みほり》の舎《や》2階にある「たねや美濠美術館」。開館時間は10時から17時

■再興湖東焼への取り組み

彦根で生まれ、名品と言われながらも絶えてしまった湖東焼。これまでにその復興を試み、幾人かが挑戦したものの、なかなかその域に達することはできなかった。

八十年代に入った頃、湖東焼に取り組んでいる若き陶芸家がいるという話が、彦根に伝わってきた。彼は信楽の陶芸一家に生まれ、祖母、母は共に彦根出身という。何かしら因縁めいた繋がりを覚え、もう一度湖東焼が復興できないかという話が持ち上がった。

一九八三年、地元の湖東焼愛好家を中心に「湖東焼復興推進協議会」が発足、八六年には滋賀県や彦根市からの補助金を得て、彦根市沼波町に窯が築かれ、彦根の地で湖東焼の試作が始まった。

それから約二〇年の歳月が流れ、二〇〇五年に「ＮＰＯ法人湖東焼を育てる会」が発足した。現存する湖東焼を手本に技法を踏襲し、再興湖東焼に取り組んできた中川一志郎氏の作品は二〇〇七年に滋賀県伝統的工芸品の指定を受けた。「湖東焼を育てる会」では学校や地域で度々陶芸教室やイベントを開催し、焼き物への興味や学習の機会を設けることにより、多くの人が湖東焼に関心を持ち、輪が広がっていくことを願っている。

■湖東焼を鑑賞できる美術館

井伊家に伝わる湖東焼の多くは東京の屋敷に置かれていたため、関東大震災で大半が灰燼に帰した。また名品は主として大名家への贈り物とされたので、世間に出回る機会も少なく、これまで湖東焼のまとまった展示は、彦根城博物館に限られていた。

しかし二〇〇三年九月に「たねや美濠美術館」が開館し、現在約三〇〇点の湖東焼が同館に所蔵されている。民窯から藩窯へと変遷しつつ、最高の域へと達した湖東焼の名品の数々を、江戸情緒を今に伝える彦根の町で是非ご覧いただきたい。

沼波湖東焼　染付近江八景図水指　中川一志郎作

湖東焼年譜

年号	西暦	湖東焼のできごと	事件・政治など
文政	12（一八二九）	絹屋半兵衛ら、彦根晒屋にて古窯を築くが失敗 ●晒屋窯	
天保	1（一八三〇）	絹屋窯、佐和山山麓に移転 ●佐和山山麓窯	
	13（一八四二）	彦根藩に召し上げられ藩窯となる ●藩窯	直亮、大老職を退き彦根に帰る
	14（一八四三）	窯・建物などの全面改築	
弘化	4（一八四七）		彦根藩、相州沿岸警備につく
嘉永	3（一八五〇）	窯の規模拡大	直亮死去、直弼藩主となる
	5（一八五二）	藤野四郎兵衛に藩窯の経営委託（二年間）	
	6（一八五三）		直弼、彦根へ帰る・ペリー来航

民窯期（文政12〜天保13）｜藩窯期（天保13〜）

絹屋〈13年〉｜井伊直亮〈8年〉

元号	年	湖東焼の出来事	世の中の出来事
安政	1（一八五四）		日米和親条約
安政	2（一八五五）	窯場の拡張	ハリス来航、通商を迫る
安政	3（一八五六）	自然斎・赤水・床山・賢友によって民窯赤絵湖東焼はじまる	
安政	5（一八五八）		直弼大老職に就く・日米修好通商条約
万延	1（一八六〇）	多くの職人が彦根を去る	桜田門外の変（直弼死去）直憲藩主となる
文久	2（一八六二）	藩窯廃止・払下　●山口窯	
元治			
慶応	2（一八六六）	西村杏翁、長浜で窯をはじめる	
明治	2（一八六九）	彦根藩知事井伊直憲、藩窯を復興	
明治	4（一八七一）	藩窯廃止	廃藩置県
明治	5（一八七二）		滋賀県となる
明治	6（一八七三）	杏屋窯廃止	
明治	28（一八九五）	二代目山口喜平死去　湖東焼が絶える	

円山湖東（明治2〜明治4）

長浜湖東（慶応2〜明治6）

民窯期（文久2〜）

井伊直弼〈10年〉

井伊直憲〈2年〉

山口〈33年〉

●図版解説――――谷口　徹（彦根市教育委員会）

●カバー写真―――寿福　滋

●協力　彦根城博物館・滋賀県立陶芸の森陶芸館・湖東焼復興推進協議会
NPO法人湖東焼を育てる会・NPO法人たねや近江文庫・中川一志郎

●参考文献

『小企画展　湖東焼』彦根城博物館　昭和63年
『湖東焼－盛衰と美』小倉栄一郎著　サンブライト出版　昭和60年
『湖東焼窯跡測量調査報告書』彦根城博物館　平成２年
『湖東焼の研究』北村壽四郎著　湖東焼の研究出版後援会　大正14年
『近江のやきもの』滋賀県立琵琶湖文化館編　サンブライト出版　昭和56年
『近江のやきもの』滋賀県立陶芸の森陶芸館　平成４年
『原色陶器大辞典』淡交社

幻の名窯　湖東焼　改訂版

2008年７月20日　初版　発行

企　画　湖東焼復興推進協議会
監　修　谷口　徹
発行人　岩根　順子
発行所　サンライズ出版株式会社
〒522-0004 滋賀県彦根市鳥居本町655-1
電話 0749-22-0627
制作・編集　サンライズ出版／キッド・スタジオ
レイアウト　キッド・スタジオ
印刷・製本　P-NET信州

本書は1996年発行の『幻の名窯　湖東焼』の改訂版である

 ISBN978-4-88325-365-4 C0072

・本書の編集にあたっては『小企画展　湖東焼』、『湖東焼－盛衰と美』を基としてすすめた。
・表紙を除く写真については、すべて彦根城博物館所蔵の原板を用い、藩窯期の作品を中心として掲載した。
・一般に湖東焼とは藩窯湖東焼を称するが、広義においては絹屋窯、山口窯を含めた佐和山餅木谷で産した湖東焼を含める。湖東焼の歴史については民窯を含めて述べた。
・湖東焼の窯場については、『湖東焼窯跡測量調査報告書』に拠る。
・本書をまとめるにあたり、彦根城博物館、谷口徹氏、湖東焼復興推進協議会、その他資料提供をご快諾いただいた方々に御礼申し上げます。